Manoelapbarros

Empurrão em VERSOS

Um grito desperto da minha alma para a tua

"Uma Prece

à Alma Presa"

Manoela P. Barros

Empurrão em VERSOS

Um grito desperto da minha alma para a tua

"Uma Prece

à Alma Presa"

AGRADECIMENTOS

Agradeço ao meu pai
que sempre me incentivou à leitura,
que direta e indiretamente
me envolveu à Literatura.

Agradeço a minha família,
amigos e alunos que me têm apoiado.
Agradeço a minha vida,
a cada tudo que me tem inspirado.

E igualmente ao meu marido
que sempre me apoiou em tudo
(estudos, projetos, trabalho) e,
em especial, neste livro que vos trago.

E a você leitor,
sou igualmente agradecida.
Pois se este livro está lendo,
é um sonho que estou vivendo!

SUMÁRIO

Só me leia

Entenda os versos ao seu modo.

Acate-os como lhe convir.

Não existe um único entendimento mediante a mesma

leitura, o conceito varia tanto de pessoa para pessoa

quanto de você para si mesmo. Pois ainda que se leia o

mesmo conteúdo inúmeras vezes,

a cada vez lhe ocorrerá novas mudanças.

A leitura transforma...

E a Releitura continua a transformar-nos...

*O sentido de uma palavra
é a soma de todos os fatos psicológicos
que ela desperta em nossa consciência.*

VYGOTSKI

Pensamentos *pensados* "ᵒᵒᵒ"

Palavras *escritas* "abcd"

de ideais *abafados* "(...)"

muitas vezes *não ditas* "~~fala~~"

Um pouco sobre mim

Olá leitor, tudo bem com você? Espero que sim.

Bom, como provavelmente você já viu na capa, meu nome é Manoela P. Barros, tenho "bom, minha idade não importa", depois dos 30, NUNCA importa rs, sempre que me perguntam, respondo as horas kkk, tática descontraída.

O que mais amo da vida é o fato de estar viva para fazer o que eu quiser, o que eu puder, como, quando e onde. O meu lema é "sei que não posso tudo o que quero, mas sei que posso **querer tentar".**

Sou comunicativa e muito observadora.

Amo ler e escrever, tudo me inspira (minhas emoções, sensações, sons, imagens...), amo arte em geral.

Quanto aos estudos, me interesso por assuntos diversos. Sou Certificada em Ciências Forenses, Graduada em Gestão de Recursos Humanos e Pós Graduada em Formação do Docente para o Ensino Superior, em Neurociências, em Psicanálise, em Língua Portuguesa e Literatura Brasileira, em Revisão de Textos, e estou cursando Libras e Filosofia. Atualmente sou Professora de Anatomia e Fisiologia Humana, Ciências

Forenses, Neurociências e Língua Portuguesa. Leciono para adultos "Cursos Profissionalizantes e Pós Graduação", sou apaixonada pela área docente, ensinar é aprender, e nisso ocorre uma troca imensurável.

Bom, escrever para que de fato seja lido por outras pessoas sempre foi um grande desejo e a ociosidade na quarentena me deu essa coragem.

O que trago no presente livro são gritos em versos como um chamado para a vida a despertar o "Eu" que dorme.

Seja muito bem vindo
à minha louca mente louca,
com este livro que te conta em letras,
a voz da minha alma rouca.

INTRODUÇÃO

Nas folhas a seguir,
alço minha voz em letras grafadas
rumo às suas vistas, mas com a intensão
de alcançar a sua mente e coração.

É um grito escrito de quem por muito esteve calada.
É um grito abafado que por fatores da vida foi emudecido.

São impulsos gráficos da minha alma
com a intenção de convidar
as almas adormecidas à um
chamado ao DESPERTAR.

É um alerta a viver intensamente...
A preocupar-se em despreocupar-se.
Um convite a adentrar-se,
a amar-se e a amar-se.

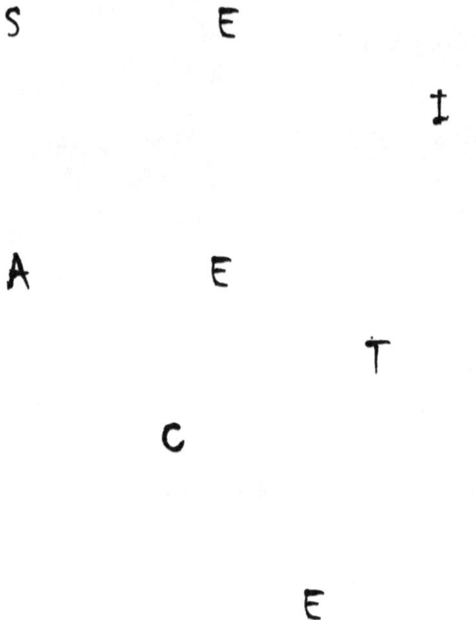

(SE ACEITE!)

-Aceitar-se é embaraçoso tanto quanto as letras acima.

E
S
P
E
R
O

Q
U
E

A
P
R
O
V
E
I
T
E
!

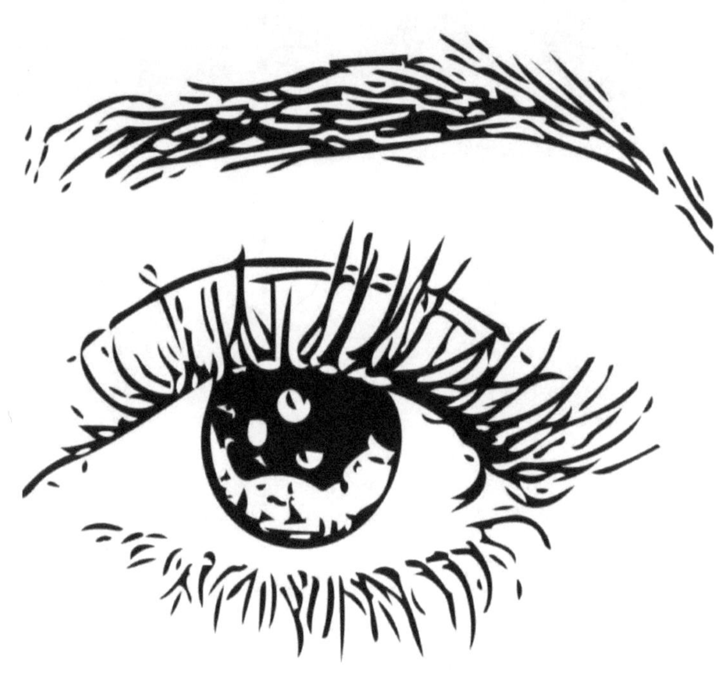

1

ENXERGAR

Tem olhos,

enxergue tua direção.

Tem mente,

pense teu caminho.

Tem pés,

caminhe teu rumo.

Está difícil?

Con...tinue...

Está fácil?

Desvie.

*-Pois a busca pela **autoconstrução***
é penosa, mas, VALIOSA.

2

EMPURRÃO

Como a *maçã* do Jardim do Éden
abriu os olhos de Eva e Adão,
que este livro regado em versos
te toque a alma e lhe dê um ***empurrão.***

3

EU LIVRO

Fui editado para ser lido,
e ao seu modo, compreendido.
Seja qual for sua interpretação,
que lhe ocorra ***transformação.***

4

APARÊNCIA MINHA

Sou um livro de poemas,
mas me leia com **atenção.**
Pois por eu ser constituído de *versos,*
pareço inofensivo,

só que não.

5

~~SEXO~~

HOMEM,
MULHER,
GAY OU
TRANS,
vim para alienar
suas mentes "sãs".

6

POIS

A escritura que não tem a intenção
de atingir o leitor como um "projétil",
é escritura imatura (que não perdura),
inabalável e infértil.

7

VAMOS

LER

RENASCER

ACORDAR

DESPERTAR

SE AMAR

SE ACEITAR

SONHAR

REALIZAR

TENTAR

ACERTAR

ERRAR

ERRAR

ERRAR

ERRAR

ERRAR

ERRAR...

8

"PRONTO"

Você está pronto(a)?

Se você se considera pronto,

saiba que pronto você nunca está.

Se você não se considera pronto,

então está pronto para continuar a tentar...

-A vida é perseverança...

9
BUSCA

A busca é sede **jamais** *matada.*
É luz da aura **jamais** *apagada.*

10
AUTOBUSCA

Busque-se em **SI**
e JAMAIS se perderá

de vista.

11
AUTOEXTRAÇÃO

Extraia você

de você mesmo e

SURPREENDA-SE!!!

DESLUMBRE-SE!!!

N *unca desista*

O *use*

I *nsane-se*

T *ente*

E *ncoraje-se*

12

Cai a noite,

nasce a Lua.

Dorme o Sol,

na noite escura.

D *esnude-se*

I *merja-se*

A *me-se*

13

Surge o Sol,

nasce o dia.

Dorme a Lua,

Sol irradia.

-Só aquecendo...rs

O

MI

LA

GRE

DA

PAN

DE

MI

A

14
PARTO POÉTICO

Estes versos foram criados em meio à quarentena.

Uma palavra, outra...

E os versos entraram em cena.

Hesitei, mas não resisti,

e aos poucos, versos pari.

Não sei explicar, eles só surgem,

se eu não os exteriorizo,

em minha mente eles rugem.

Então os ouço atentamente,

pois eles insistem veementemente.

Eles vêm direto da minha alma indecente

e do meu coração ardente e inerente.

15
40ENA

Nunca +, tudo –
Tudo virou nada,
humanidade desumanizada.
No entanto e, de repente,
sem podermos nos despedir da vida,
quarentena "eterna" e controle "absoluto".
Enfim concretiza-se a tal escravidão tão
alucinadamente almejada e maquinada pela
desde sempre conjecturada e agora escancarada
Deep State.

Estamos retidos, retraídos,
contidos e confinados,
adestrados à Nova Ordem
"Governo Unificado".

16
LOUCURA OU SANIDADE?

O que é loucura? O que é sanidade?

O que é mentira? O que é verdade?

O que é imaginário? O que é realidade?

Qualquer pergunta é bobagem.

17

PRÉ
OCUPAÇÃO

Preocupar-se demais
com o que não se tem controle,
é trancar-se em calabouço
ou prender-se em uma torre.

18

1000ÉSIMOS

Tome os seus *segundos*

e crie os seus *dias*...

Respire... PIRE...

DESPERTE E VIVA A VIDA!

"Não basta criar seus nomes, é preciso descrevê-los,
comentar suas aventuras, suas perdas, seus sonhos,
sua garra e resiliência" (CURRY, 2016, p. 201).

19
ALIENAÇÃO/CURA
REMÉDO: LOUCURA

Louco?

Sempre!

Normal?

JAMAIS!

-*Ao melhor lugar é a sua mente que te leva,*
e estar alienado é o que nos cabe quando
o mundo real é o maior gatilho para a **loucura.**

*-A alienação é o caminho dos "sãos" rumo à "sanidade", enquanto a "sanidade" é a própria loucura dos **loucos** que se consideram sãos.*

Desencane!

Insane-se!

Louque-se!

Enlouqueça-te!

20
SIGO

Sigo leve, passo a passo,

em vezes com pressa, em vezes com atraso.

A vida te acelera, a moral te para.

E a morte? Te mata ou te ampara?

Na real, seja realista.

Se agarre aos seus ideais.

*Seja **alienista.***

21
VIDA PAPE*L*

Confuso ou simples,

AME-SE!

Simplesmente papel...

Origame-se!

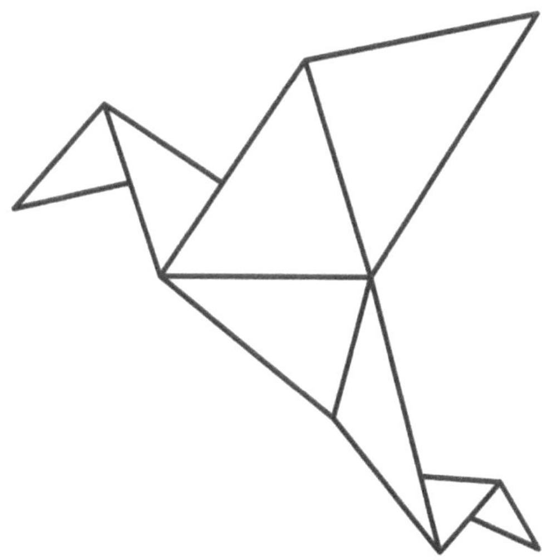

22
QUALQUER COISA

"Se você não está motivado para realizar
determinada mudança importante,
faça alguma coisa, qualquer coisa"
(MANSON, 2016, p. 172).

23
AÇÕES

"Ações levam a novas reações emocionais e, portanto,
novas doses de inspiração que, por sua vez,
motivam ações futuras"
(MANSON, 2016, 172).

~~CERTEZA~~

Você **NÃO** precisa de *certezas*.

Você **<u>SÓ</u>** precisa AGIR.

Você **NÃO** precisa de *clareza*.

Você **<u>SÓ</u>** precisa SEGUIR...

"Em vez de lutarmos por uma vida cheia de certezas,
devemos sempre buscar a dúvida, seja em relação as
nossas crenças, em relação aos nossos sentimentos
ou em relação ao que o futuro nos reserva"
(MANSON, 2016, p. 129).

25
DÚVIDA

Dúvida...

Dúvida...

Duvida...

Certeza???

Só tenha certeza
de suas dúvidas!

-Toda certeza é acomodada e, você,
é movimento...

26
ESCOLHA

A VIDA é *livre arbítrio,*

não deixe-a parti.........r...
Usufruí-la é direito
de escolha de

IR

e

VIR.

OPORTUNIDADE

O mundo é dos **curiosos.**

CRIE a *oportunidade.*

Só conquista quem **se joga.**

Só consegue quem tem *coragem.*

ACREDITE EM VOCÊ

*-Estar VIVO é **oportunidade a ser aproveitada!***

28
SIGNIFICÂNCIA

A *autoconfiança*
é ingrediente **vital,**
sem o qual,

você

~~não significa.~~

~~PRECISAR~~

Não ver *nada* nem *ninguém*,

não torna o mundo menos seu.

Você **NÃO** precisa de ~~algo~~ ou ~~alguém.~~

Você **SÓ**

SE PRECISA.

30

IN

"CAPACIDADE"

"A incapacidade de conhecer a complexidade da
realidade antropossocial, em sua micro dimensão
(o ser individual) e em sua macro dimensão
(o conjunto da humanidade planetária),
conduz a infinitas tragédias e nos
conduz à tragédia suprema"
(MORIN, 2015, p. 13).

PLENAR

Se PLENE em *qualquer falta.*
Ser incompleto é a maior virtude da
espécie humana.

-Se não se sabe sobre um fim,
então há sempre o que percorrer...
Se não existe um limite,
há sempre espaço à preencher...

32
[MOLDE]

-Independente de qualquer coisa...

Molde o seu ESTAR

Como a Lua e o Sol
a tocar o jardim,
Estrelas no bolso,
Borboletas sem fim...

-Ok, esse verso fofo não é a minha cara. Talvez
eu esteja meio romântica no momento rs.

SUA MENTE

Se o teu **Eu** a **TI** pertence,

de **SI,** *jamais* se isente.

Lacre-se em **SI**

de CORPO e MENTE.

Seja *"flor"*,

seja SERPENTE.

-Hum...ok, este está mais de acordo rsrs.

34
NO CONTROLE

Não se permita estagnar-se.

Não se permita estar inerte.

Permita-se controlar-se

com *propriedade,*

MARIONETE-SE.

35
TOME

NÃO se contente em ser
apenas plano de fundo.
Você ~~pode~~ SER VOCÊ,
                (Você DEVE)

TOME

SEU

MUNDO!

36

AUTOPOSSE

Que o controle da sua vida

pertença somente a você.

Se por acaso não for assim,

saiba que é assim que deve ser.

-Entenda que o seu Eu implora para que você,

dele

TOME POSSE.

37

LUZ

Tran_S_CENDA-SE!!!

_A_SCENDA-SE!!!

PARQUE

VIDA

38
GANGORRA

Subimos nas nuvens.

Caímos no abismo.

Certezas... Achismos...

Amizades... Coleguismos...

Falsidades... Cinismos...

Sarcasmos... Egocentrismos...

Positividades... Negativismos...

Ociosidades... Malabarismos...

Obrigatoriedades... Relativismos...

Materialismo... Espiritualismo...

Consumismo... Consumismo...

Monoteísmo. Politeísmo...

Comunismo "Fascismo"

"Democracia" NIILISMO!?

-Isso é viver!

FOGO

39

CHAMA DA VIDA

Se viverá,

se vive já,

se já viveu

ou teria vivido,

permita-se

QUEIMAR-SE por seus

objetivos.

40

VÁ...FAÇA!

Não importa o que seja.
Encoraje-se a realizar-se
em tudo o que VOCÊ *deseja.*

-Que a vontade de VIVER lhe seja **FOGO**

a consumir-te em ***CORAGEM!***

41

SÍSTOLE *(Contração Cardíaca)*

Coração que bate para o sangue circular.

O ORGANISMO é *Arte* que temos a *desfrutar*.

42

SUSPIRO

Inspire... Expire...

Ouça... Fale...

Tenha calma...

Pare.

Corra...não pare.

-Isso é a vida. Isso é estar vivo.

43

O vento leve da brisa vespertina

pári a minha calma.

A luz branda do escurecer

atravessa a minha alma.

Meus desejos, sempre insanos,

iluminam a minha aura.

Homens...concreto...fauna...flora...

E meu Eu **perdura**

"Manoela Pandora"

Manoelapbarros

T
E
M
P
O

44

O tempo não passa.

O tempo não voa.

O tempo

       e

         s

       c

         o

           r

        r

         e

          e a vida ECOA)))

*-Aproveite o TEMPO **como quiser.***

*-Aproveite a VIDA **o quanto puder.***

C
U
L
T
U
R
A
M
A

45

c

LEITURA

É o *combustível* da **alma.**
LEIA! Floresça!
E nunca mais perca o hábito.

Não finja.
Não se faça.
*Leia e **SEJA!***

-Abra-se para a leitura.

46
VOCÊ

A vida é constância...
As ciências são mutáveis...
Que suas raízes sejam afixas
e os seus **Eus,** *maleáveis.*

-Fazendo de si a sua **melhor versão,** *a vida se encarregará de lhe mostrar o melhor caminho.*

47

A LEITURA PARA MIM

Letras são Universo
e leitura é o meu mundo.
Qualquer palavra se faz verso!
Sopra, toca o oriundo.

Ler, é potente ato
que me toca o abstrato.
Energiza a minha aura!
Revigora a minha ALMA!

-Leitura: lanterna vital!

48

O IDEAL

"No realismo crítico do século XIX,
o escritor deixa de ser uma testemunha do universal
para ser a consciência crítica do 'mal-estar na cultura',
abrindo caminhos para a expressão do imaginário"
(BRAZIL, 1992, p. 27).

Mentalize[ooo]

Idealize[ooo]

LEIA!

Palavre...

49

LER

Leia!
Estude!
Transcenda!
MUDE.

50

r

LEI

A lei do *homem*,
~~PODA~~.
A leiTURA,
CURA!

-Seja -1 na massa ESMAGADORA
*dominada pelo **sistema.***

51

L E T R A S

Todas as letras moram ***dentro de você.***

Adentre-se...

Reflita°°°

Escute-se)))

CO-OUÇA(((

-Assim como a beleza está nos olhos de quem vê,

a escuridão está nos olhos de quem não quer

enxergar.

OUÇA-TE

LETRAS estão para *ler*.

PALAVRAS estão para *falar*.

Assim como o seu **Eu** está para *SER*,

VOCÊ DEVE estar para *SE escutar!*

-O vazio da mente é espaço em presente a
ser preenchido **intrinsecamente,** *constantemente,*
infinitamente...

53

EXISTÊNCIA

"Os estímulos intrapsíquicos, como os pensamentos,

as emoções e as ideias, são todos registrados

em frações de segundos e tornam-se parte

do portfólio de nossa memória [...]"

(CURY, 2016, p. 59).

54

FRENESI

*-Me perco em meus **pensamentos***

*de tanto que neles **me encontro...***

***"Penso**^{ooo},*

logo existo"

(Descartes)

55

AUTOENCONTRO

Me tenho todas em mim
e de todas elas, me sou.
Nem sempre no controle delas,
faço "minha mãe mandou" e vou.

Estar vivo é estar aberto
às suas próprias diversidades.
*Seja pleno e incomplet_*
Aceite-se na íntegra e extremidades.

56

AUTORECONHECIMENTO

...

É constante...

Somos novos a cada segundo,

somos o novos a cada instante...

57

DISPOR-SE

Disponha-se a conhecer-se...

A estranhar-se...

A aceitar-se!

"O duplo imperativo antropológico
impõe-se: salvar a unidade humana
e salvar a diversidade humana"
(MORIN, 2011, p. 68).

*-Uso a citação acima para me referir à sua
própria diversidade, a diversidade entre os seus
Eus...*

*-Abrace os seus EUS e **BRINDE!!!***

58

BRINDE

*_UM BRINDE à todos os nossos **Eus!***
*E **fodam-se** todos os seus vocês que*
*aos **Eus dos outros,***

~~não respeitam.~~

PRISÃO IDEOLÓGICA

"Infelizmente há bilhões de pessoas encarceradas em todas as sociedades [...] Elas até sorriem com os lábios [...] mas estão asfixiadas dentro de si mesmas" (CURY, 2016, p. 74).

-Jamais carregue consigo o peso morto de ser alguém que você não é.

LIBERTE-SE!

60

ACORDE

Acorde para <u>*SI*</u>,

e para o mundo **ACORDARÁ**

OU

continue a *não enxergar-se*

e em **VIDA**

Vegetará

•

•

•

SOLTA(O)

(A) ja

(Li) berte-se

(VI) VA

C (O) lora-se

62
META

Que a sua META

seja VIVER

com *intensidade e ousadia.*

Com *autenticidade* nos resultados

se entregue a você *e* **Viva a Vida**

-Desde que você seja você,

***TUDO SEMPRE** fará sentido.*

63

RENASCER

O RENASCER *constante*
é o mais ***intenso*** dos orgasmos...
É sensação imensurável
que te tira do marasmo.

64

~~IDADE~~

É o mais belo florescer
conceptivo da intrinsecidade!
Para nascer são nove meses,
mas para RENASCER,
NÃO importa idade.

INDIVIDUAÇÃO [65]

"Assim, a subversão sadia superior modifica o estado
atual individual sempre para melhor, para o próprio
crescimento interior, para a expansão da consciência
e para o aproveitamento mais completo da
individualidade e do individualismo, sempre com
discernimento, vontade e prazer"
(MONTEIRO, 2010, p. 31).

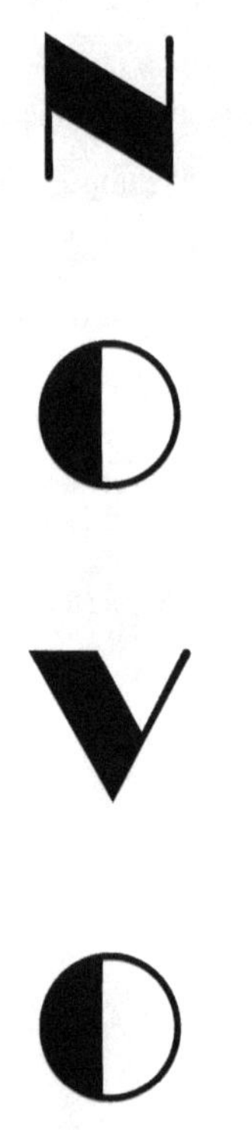

66
UM NOVO DIA

Um novo dia pode ser...
Mais um dia que segue...

Uma chance para tentar de novo,
uma oportunidade para realizar algo novo.

Uma chance para voltar atrás,
uma oportunidade para deixar para trás.

Uma chance para desistir,
uma oportunidade para resistir.

Uma chance para estragar,
uma oportunidade para consertar.

Mais um dia para se distanciar
do que decidimos deixar para trás,

mais um dia para nos aproximarmos
do que decidimos manter conosco.

Mais um dia para errar,
mais um dia para acertar.

Mais um dia para amar,
e mais um dia para
se amar...

-Não importa para o que é o dia de hoje,
*desde que VOVÊ **seja VOCÊ**,*

SEMPRE SERÁ UM GRANDE DIA!

67
PENSAMENTOS°°°

PENSAR...

AREJAR-SE...

ENCONTRAR-SE...

V(OCÊ*ANO*)...

Penses°°°

Tome teus ares...

Se encontre!

Seja teus mares!!!

PINEAL (Glândula Cicardiana "Relógio Biológico")

RESPIRAR...

VIVER...

ACORDAR...

ADORMECER...

DESPERTAR...

SER...

SER VOCÊ!

SER VOCÊ!

69

SENDO...

Seja o que *foi...*

Seja o que *é...*

Seja o que *seria...*

Seja o que *será...*

SEJA VOCÊ

enquanto **viver,**

e da vida **jamais** se *arrependerá.*

70

SEJA

SEJA,
SE TENHA,
PERMITA-SE...

SEJA, *simplesmente* sendo...

Tenha *simplesmente* se tendo...

Permita-se *perder-se* se encontrando...

Permita-se *encontrar-se* se perdendo...

...

...

...

vIda

M
P
O
S
T
O

71

"TRÓIA"

A vida é um *presente* **c$brad$,**
um *estouro* embalado,
um *espinho* empalhado.

72

VIVA

para pagar a dívida ganha (vida).
Para rir, gargalhar dela "drama" (vida).
Estar vivo é alegria e façanha (vida).
Ironia... Sarcasmo... Barganha (vida).

73

DES"EQ *ÍBR*

UIL *IO"*

O ***equilíbrio*** está em ser **louco**.

Ignorar sua ***loucura***

se obrigando à "normalidade",
é a mais *pura e cruel* **hipócrita**

insanidade.

REAL/IRREAL

REAL.

IRREAL.

MENTIRA.

VERDADE.

O que é real? O que é irreal?

O que é mentira? O que é Verdade?

Tente ser são em sua *loucura* e será **louco**

em sua

"sa

da   ni

de".

75

RELATIVIDADE ABSOLUTA

Qualquer *verdade* é para todos

incontestavelmente absolutaMENTE *relativa.*

Enquanto é para um,

não é para o outro,

então **foda-se** TUDO,

S \Ó/ VIVA!

...

S \Ó/ VIVA!

...

INALCANÇÁVEL

Enquanto busco a verdade a contemplá-la
como mentira buscada,
muitos a buscam para tê-la
como Deusa, imaculada.

–*Perda de tempo.*

77

ALIENAR-SE É ALINHAR-SE

Seja *racionalmente* alienado,

ASTRAL ELEVADO,

imaginário aguçado!

A ~~fantasia~~ é sempre REAL,

manifesta-se em suas *dimensões intrínsecas*

onde, com a **mente aberta** e o *espírito livre*,

você pode VIVER *em todas elas* (dimensões),

todas elas (fantasias) e

em qualquer lugar (imaginação).

-Bem aventurados os que têm amigo imaginário, porque a sua imaginação é a sua melhor amiga.

"Todos aqueles que têm inteligência e criatividade desenvolveram um germe latente do intelecto e da imaginação" (MONTEIRO, 2010, p. 11).

78

ONDE

-Para onde vou?
Sei lá, mas,
sou EU quem decidirá.

79

BRISA

Que a brisa leve da minha alma
sopre as folhas do meu caminho,
e que mesmo que eu tropece em galhos,
eu colha apenas flores!

BELEZA *frágil*

O verso anterior é bonitinho,
mas não é bem assim que é
e não é assim que quero que seja.
Flores são belas, cheirosas e delicadas,
mas não sobrevivem com

frágil beleza.

*-Os galhos rígidos me ensinam a tropeçar, e as
folhas secas são lembretes de constância e de
que nada é para sempre.*

(MAIS UM PORQUE PARA QUE VOCÊ VIVA
INTENSAMENTE...).

81
NO ENTANTO,

ENFIM,

O que somos?

No que acreditamos?

Por que somos?

Por que cá estamos?

-Em resposta...

RESPOSTA

Sei que sei que **não importa.**

Sei que antes **viva** do que *morta.*

-Se não sabemos porque vivemos,

menos sabemos "e quando morrermos".

83

CERTEZA

A   S   R   T

B   T   A

A (abstrata)

"O Homo Sapiens não apenas caminha por este intrigante planeta azul, como frequentemente caminha também pela camada superficial do intrigante planeta psíquico [...]" (CURY, 2016, p. 39).

PSIQUE

"Tudo no psiquismo humano se fundamenta, se expressa
ou se deixa influenciar pelo universo dos pensamentos,
dos delírios às teses acadêmicas, da poesia à filosofia,
da ciência à espiritualidade, do sofrimento por
antecipação à ruminação do passado, das
construções das relações à solidão,
do egocentrismo ao altruísmo"
(CURY, 2016, p. 55).

85

MENTE
SATÚRNICA

Viage...

Idealize...

Interiorize-se...

Exteriorize-se...

-Idealize em seu espaço EU e

sua essência *SER!!!*

SEJA

atitude

com vigor

e

PLENITUDE!

Planete-se!

Universe-se!

86
SER

Seja sem medo,
se agarre no vento,
se solte no tempo,
vida,

momento.

*-O Universo **anseia** por sua **coragem.***

Se jogue nos braços do será

e SEJA!

COMO?

APENAS

SEJA!

87

QUADRO

Seja sua *própria pintura,*
com sua *própria tintura,*
em sua *própria moldura.*

88

(URA)

Pintura

Tintura

Moldura

Estrutura

Toda OBRA é processo...

                    ...processo de

cURA

Se VireeriV

Se

R

E

i

v

r

e.

89

PRO

PORÇÕES

Cima.

Baixo.

Frente.

Verso.

Submerso.

Imerso.

Grite}}}

Versos!!!

-A maior virtude é se reconhecer no seu próprio
reflexo.

90

VIVA
VIVÁZ

Faça o que fizer,
venha o que vier.
Enquanto tiver fé,
seja o que quiser!

-Independente da sua idade,
VIVA com **INTENSIDADE.**
Para quem é **intenso** *no que AMA,*
a vida **jamais** *será um drama.*

●   DE VISTA

"Em vez de olhar para as coisas à sua volta
como boas ou ruins, desenvolva o hábito de olhá-las
como eventos, circunstâncias, causas e consequências"
(PETRY, 2016, p. 24).

Adquira confiança
e MANIPULE
o seu Universo!

92

FOCO

CEGO

FOQUE,

mas tenha leveza.

93

Q U E B R A   DE ILUSÃO

A frustração está no projetar-se
ao que você quer para o futuro,
erroneamente pulando o presente
do qual o futuro depende.

O AGORA é "garota". O DEPOIS é "Senhora".
Viva... Aprenda... Se frustre...
E então conquiste o tal "futuro ilustre".

94
CONQUISTA

A conquista está no hoje,
o amanhã é inapalpável.
Todo amanhã, é no momento presente,
que se torna alcançável.

Os amanhãs sempre se tornarão hojes
a serem contemplados
nos ATOS de seus momentos.
Se os amanhãs dos hojes
forem ontens não vividos,
apenas lhes sobrarão
miseráveis arrependimentos.

95

POSTERGAR

Não postergue um ***presente*** em MÃOS
por um *futuro* ~~desconhecido~~,
se essa for a sua **escolha,**
terá optado por não ter ~~vivido.~~

96

~~TEMPOCÍDIO~~

Não assassine o presente pelo futuro.
Não dá para ter o melhor depois,
se você não der o seu melhor **agora.**

-*Seja o seu bastante*

97
FUTILIDADE

De repente,
há tempos (antigamente) e
em constante "progresso" (regresso),
o mundo ficou tão fútil...
TRISTE REALIDADE.

-A mente do indivíduo fútil,
LOTADA *de **vazios** que lhe acrescentam.*

98

A **MASSA**

A massa da sociedade
se vende, padece.
Vai para o inferno de lancha
enquanto a sua essência d

           e

    s

                m

       a

             n

   c

         h

    a.

"Os indivíduos vivem em constante luta material em uma
sociedade de produção altamente mecanizada
e de consumo altamente condicionado"
(MONTEIRO, 2010, p. 58).

"[...] ignorantes são afetados negativamente, criam um
mundinho de fantasia, com ideias equivocadas
em sua mente estreita [...]"
(MONTEIRO, 2010, p. 9).

*-Poucos estão dispostos a pensar por conta
própria.*

~~PENSAMENTOS~~

99

~~VALORE~~$

Se o seu *valor* intrínseco é nada,
o que lhe cabe ao estereótipo
é o nada disfarçado de tudo
para disfarçar o vazio presente
na mente carente
do melhor ausente.
E você, erroneamente descrente,
perdidamente insente
o que de fato lhe faria GENTE.

-O sistema te oferece um **BOCADO** *de*

*vazios*ssssssss

ssssSSSSSSS

"As massas iludidamente sentem-se 'antenadas' com o
mundo, acreditam equivocadamente estar muito bem
informadas sobre tudo e todos, mas não percebem
que sofrem uma grande lavagem cerebral"
(MONTEIRO, 2010, p. 22).

"Nossos valores determinam o parâmetro segundo o qual
avaliamos as outras pessoas e nós mesmos"
(MANSON, 2016, p. 88).

100
SUCÇÃO PLANETÁRIA

NÃO *se permita ser*

sugado

pela **mesmice** *da*

masmorra.

101
"HUMANÓIDES"

"Comportam-se como se fossem viver eternamente
neste mundo, sem nenhum ideal mais elevado,
sem nenhuma filosofia de vida edificante,
desprovidos de uma essência individual superior"
(MONTEIRO, 2010, 58).

"Transmitir conhecimentos, dissipar a ignorância,
esclarecer e instruir as pessoas, libertá-las do
condicionamento, etc. sempre foram coisas indesejáveis
para muitos sistemas"
(MONTEIRO, 2010, p. 10).

GERAÇÃO ZUMBI

"[...] como as massas estão distraídas, iludidas com a
superabundância de matéria que sufoca suas mentes,
há um conformismo geral baseado no senso comum [...]

alienação E *zumbificação* coletivas

[...] 'punição' materialista inconsciente"
(MONTEIRO, 2010, p. 59).

Não seja capaz

de ser capaz

de se entregar

à incapacidade

de capacitar-se.

-Um minuto de silêncio ao que se propõe a morrer para o
vazio e se dispõe a descobrir preencher-se 00:0...

-Cada descoberta lhe é fragmento dos cacos que lhe faltam.

103

INSTRUÇÃO

Se insSSSTrua...

Preencha sua **MENTE** *"ôca"*.

SURPREENDA com o seu *silêncio*

e espante ao ABRIR a **BOCA!**

"Mas, lamentavelmente, a maioria das pessoas
muito comuns, dos cidadãos dos rebanhos sociais,
já possui um conteúdo psicomental reprimido
e condicionado justamente para se adequar aos padrões
rudimentares e limitantes impostos pela sociedade"
(MONTEIRO, 2010, p. 144).

104
FLUXO MENTAL

"O verdadeiro influxo mental expandido desce dos planos
sutis e invisíveis (pode-se ver a mente?) e manifesta-se
como avançada compreensão interior naqueles que são
naturalmente receptivos graças ao seu próprio grau
evolutivo individual. Pessoas tais possuem inquietudes
e vontade pelo saber, capacidade de descobrir as coisas
por si mesmas e sede por conhecimento"
(MONTEIRO, 2010, 135).

-Se interesse e se torne interessante.

POSSA

"É o poder,

o mundo é de quem faz.

Realidade *assusta* todos tão normais"

 (KAROL CONKA) - música "É o Poder".

EMPODERE-SE

"É o poder,

aceita porque dói menos.

De longe falam alto,

mas de perto,

tão pequenos"

(KAROL CONKA) - música "É o Poder".

MINHA

BUSCA

105

SUBVERSÃO

"Subverter é causar uma reviravolta no próprio ser,
na própria mente, nos processos psicológicos, é elevar
 a consciência a um estado de clareza e percepção"
(MONTEIRO, 2010, p. 29).

O

Ã

Ç

U

L

O

V

E

106

IN

SATISFAÇÃO

Somos seres *insatisfeitos.*

LOGO, sou **satisfeita** por **satisfazer-me**

em cada e constante...

"*in*"*satisfação*

...

107

SEI

-A única coisa que SEI,

é que quanto mais SEI,

mais sei que nada SEI.

108
IDIOTA

-Algumas pessoas são tão **idiotas**

que nem sabem o que "idiota" ~~significa~~.

"A abertura para estar errado precisa existir se você quiser

alguma mudança ou crescimento"

(MANSON, 2016, p. 145).

Ninguém ignora tudo.

Ninguém sabe tudo.

Todos nós sabemos alguma coisa.

Todos nós ignoramos alguma coisa.

Por isso, **APRENDEMOS SEMPRE.**

(Paulo Freire).

109
PROCESSO/Projeto SER

Leia...

Busque...

Vá atrás...

Informe-se...

Aja...

Crie...

Recrie...

TORNE-SE!

110

Eu

Vivo vivendo...

Durmo sonhando...

Acordo me tendo...

LENDO...LENDO...

Manoelando-ME...

111
PRO

CESSSSSSSSSSSSSSSSSSSSSSSSSSSSSSSSSSSSSSSSSSS
SSSSSSSSSSSSSSSSSSSSSSSSSSSSSSSSSSSSSSSSSSSSSS
SSSSSSSSSSSSSSSSSSSSSSSSSSSSSSSSSSSSSSSSSSSSSS
SSSSSSSSSSSSSSSSSSSSSSSSSSSSSSSSSSSSSSSSSSSSSS
SSSSSSSSSSSSSSSSSSSSSSSSSSSSSSSSSSSSSSSSSSSSSS
SSSSSSSSSSSSSSSSSSSSSSSSSSSSSSSSSSSSSSSSSSSSSS
SSSSSSSSSSSSSSSSSSSSSSSSSSSSSSSSSSSSSSSSSSSSSS
SSSSSSSSSSSSSSSSSSSSSSSSSSSSSSSSSSSSSSSSSSSSSS
SSSSSSSSSSSSSSSSSSSSSSSSSSSSSSSSSSSSSSSSSSSSSS
SSSSSSSSSSSSSSSSSSSSSSSSSSSSSSSSSSSSSSSSSSSSSS
SSSSSSSSSSSSSSSSSSSSSSSSSSSSSSSSSSSSSSSSSSSSSS
SSSSSSSSSSSSSSSSSSSSSSSSSSSSSSSSSSSSSSSSSSSSSS
SSSSSSSSSSSSSSSSSSSSSSSSSSSSSSSSSSSSSSSSSSSSSS
SSSSSSSSSSSSSSSSSSSSSSSSSSSSSSSSSSSSSSSSSSSSSS
SSSSSSSSSSSSSSSSSSSSSSSSSSSSSSSSSSSSSSSSSSSSSS
SSSSSSSSSSSSSSSSSSSSSSSSSSSSSSSSSSSSSSSSSSSSSS
SSSSSSSSSSSSSSSSSSSSSSSSSSSSSSSSSSSSSSSSSSSSSS
SSSSSSSSSSSSSSSSSSSSSSSSSSSSSSSSSSSSSSSSSSSSSS
SSSSSSSSSSSSSSSSSSSSSSSSSSSSSSSSSSSSSSSSSSSSS...

112

ENQUANTO...

Enquanto poder *sonhar...imaginar...*

poderá viver...

Enquanto **puder viver, poderá LER**

e ENGRANDECER seu **SER!**

113

VESTE MENTAL

Não importa qual é a hora,

dia, semana, mês ou ano.

Pegue um livro, SE INSTRUA!

E vista a sua MENTE "nua".

"O crescimento psicomental e evolução pessoal
obviamente fazem parte da busca individual [...]
Afinal, as pessoas têm o livre arbítrio e devem arcar
com suas próprias escolhas e decisões [...] A escolha é de
cada um [...] de entregar-se à escravidão das massas"
(MONTEIRO, 2010, p. 119).

114

Plante INTERESSE!

Semeie-se com LEITURA!

Brote CONHECIMENTO!

Se envolva com a LITERATURA!

115
MENTE PENSANTE°°°

Como mente **pensante,**

incessante e amante

da leve vida angustiante,

bem sei, com minha pouca sabedoria,

que sou menos **louca** dos que

os que se consideram *sãos,*

(pois assumo a minha loucura).

PROMOÇÃO

A minha *loucura* me **PROMOVE,**

me eleva em ***mim mesma***.

Pois enquanto *pensamentos*[ooo],

outras mentes se fazem

lesmas.

"[...] É mesmo tedioso e deprimente [...] Ninguém se dá
ao trabalho nem sequer de melhorar a si mesmo [...]"
(MONTEIRO, 2010, p. 109).

"Seres inteligentes, pensantes, questionadores e criativos
sabem discernir, sabem aproveitar o que lhes serve
e descartar o que é imprestável"
(MONTEIRO, 2010, 137).

SE LIGA

117

FLUXO VITAL

Respire, VIVA!
Adormeça, amanheça!
Alegre-se, se entristeça!
Seja "são",

ENLOUQUEÇA!!!

"O equilíbrio psíquico é uma falácia da psicologia [...]
em contínuo estado de desequilíbrio"
(CURY, 2016, p. 74).

118

DESCARGA

Minha língua enrola e
com verdades não ditas, engasgo.
Peido um sussurro
e defeco um desabafo.

119
RABISCOS

SE AGARRE AOS RABISCOS
DA SUA MENTE E TORNE-SE
OBRA PENSANTE. É DAS
MAIORES BAGUNÇAS MENTAIS
QUE SE EXTRAEM OS MELHORES
PENSAMENTOS!!!

"O fluxo vital da energia psíquica é o princípio vital
que anima e promove o processo de formação da
personalidade e o desenvolvimento da história
psicossocial do ser humano"
(CURY, 2016, p. 140).

"Todo aquele que é capaz de pensar por si mesmo,
de refletir sobre o mundo ao seu redor, de questionar
e contestar o senso comum onde quer que seja e subverter
o 'plácido' estado de coisas (normalmente indesejável)
pode ser considerado um filósofo, em seu sentido
comum"
(MONTEIRO, 2010, p. 141).

120

A

FILO _ _ FIA

"A filosofia 'subversiva', o amor pelo saber,
o prazer pelo conhecimento e o amor próprio
conduzem à aquisição da ciência, da filosofia,
da arte e do verdadeiro conhecimento da
Individualidade, do Eu Superior"
(MONTEIRO, 2010, p. 31).

"Tranque as suas bibliotecas, se quiser,

mas não há nenhuma porta,

nenhum cadeado,

nenhum ferrolho

que você pode colocar

sobre a liberdade

da minha mente"

(VIRGÍNIA WOOLF).

"Quando eu morrer,

não perca um minuto chorando por mim.

Posso ir embora,

mas vou deixar para trás

todas as minhas mil e uma vidas"

(AMANDA LOVELACE, 2017, p. 154).

121
PERDURO

-A intensidade de um ser o torna imortal.

Energia que contagia em vida,

é energia que após a morte,

paira na atmosfera,

PERDURA ***tocando almas*** *e*

RELUZ

ETERNAMENTE...

122

INSUFI

CIÊNCIA

Todo um tudo
exigido de um nada
escasso de tudo,
torna-se um tudo
cheio de

nada o bastante...

123

TECO

Partes...

Pedaços...

Porções...

Frações...

123

INTEIRA

~~Inteira~~ e "COMPLETA"
na minha *infinitude*...
IMCOMPLETUDE...

124
SATISFAÇÃO

Satisfeita na minha insatisfação
de satisfazer-me a satisfazer-me...

~~Fim~~

Constância...

Que o *fim* deste livro

lhe seja o **início** de

um **NOVO**

DESPERTAR!

Jamais se esqueça de que

A **VIDA** é uma **TELA**

e

VOCÊ,

OBRA

DE

Use o espaço em "   "

que **ela**

à todos

proporciona!

Manoelapbarros

"

"

O MUNDO É UM ASSALTO E,

A *vida,* UMA ARMA

DA QUAL

AMO

TER PORTE

Manoelapbarros

VIVA VIVENDO!...

Sem mais,

apenas isso.

Pois a VIDA

mesmo curta,

quando intensa

é

IMENSA!!!

*O MUNDO
É UMA ILHA,
E VOCÊ
O UNIVERSO!!!*

Bibliografia

BRAZIL, H. **Dois ensaios entre Psicanálise e Literatura.** Rio de Janeiro: Imago, 1992.

CURRY, A. **O Funcionamento da Mente.** São Paulo: Cultrix, 2016.

LOVELACE, A. **A princesa salva a si mesma neste livro.** São Paulo: Leya - Casa dos Mundos Produção Editorial e Gomes, 2017.

PETRY, J. **Poder & Manipulação.** São Paulo: Faro, 2016.

MANSON, M. **A sutil arte de ligar o foda-se.** Rio de Janeiro: Intrínseca, 2017.

MONTEIRO, A. **Jardim Filosofal.** São Paulo: Madras, 2010.

MORIN, E. **Introdução ao Pensamento Complexo.** 5 ed. São Paulo: Sulina, 2005.

PETRY, J. **Poder & Manipulação.** São Paulo: Faro, 2016.

APROVEITE A VIDA AO

MÁXIMO